나는 언제나
나를 향해 서 있었다

나는 언제나 나를 향해 서 있었다

지은이 | 김여옥
펴낸이 | 문창길

초판 1쇄 인쇄 | 2024년 12월 8일
초판 1쇄 펴냄 | 2024년 12월 14일

펴낸곳 | 도서출판 들꽃
주소 | 04623 서울 중구 서애로 27 서울캐피탈빌딩 B2-2호
전화 | 02)2267-6833, 2273-1506
팩스 | 02)2268-7067
출판등록 | 제2-0313호
E-mail | dlkot108@hanmail.net

ISBN 978-89-6143-244-3 03810

* 잘못된 책은 구입하신 서점에서 바꾸어 드립니다.
* 이 책은 2024년도 전라남도 해남군 문화예술진흥기금 사업의 지원으로 제작되었습니다.

값 12,000원

들꽃시선 156

나는 언제나 나를 향해 서 있었다

김여옥 시집

■ **자서**

이리저리 끌려다니던
바람의
고삐를 잡다

바람의 등
올라타니
트이는 천지사방

원근이 환하다

지락至樂이다

2024. 11. 해남
우거를 옛집으로 복원하면서

차 례

자서

1부 받아 들이다

새의 호흡법 13
꽃길 14
눈을 뜨다 15
인생 16
생의 마디 18
바다, 들이다 20
상선 22
무심, 가을 24
무경계 25
청춘 26
젊은이 27
시의 길 28
회갑 29
평온 30
요설가 31
사랑 32
가도 33
행복 34
성 35

2부 침묵은 악의 편

아니 온 듯 가시옵소서 39
자유라는 이름의 폭력 41
침묵은 악의 편이다 42
나는 언제나 나를 향해 서 있었다 44
또 다른 생 46
공범 48
예언 50
오해와 진실 53
경계 너머의 길 54
사람의 아들 56
어느날 159개의 우주가 사라졌다 57
사망 60
열두 지파와 십사만사천 62
I AM that I AM 64
한국 교회는 들으라 66

3부 망망고독

고향 안개밭 69
다시 일어선 바람 70
달의 사망진단서 72
꽃이 되고 싶은 새 74
어질머리 광주 75
동국의 봄 76
그림자 놀이 78
겨울옷 벗기 79
행복 오르기 80
해수산 울음소리 81
불임의 끝 84
마른번개 소리 85
안경알에 비친 세상 86
질서는 편하고 자유롭고 아름다운 것 88
시인의 어머니 89
우리나라 좋은 나라 90
그리움 혹은 91
해울음 92
사진 한 장 93
내 위장은 공복중 94
Poetic justice 97
망망고독 98

4부 김여옥 아포리즘

인간과 존재 102
인생과 지혜 106
종교와 성찰 118
자연과 시간 125

1부
받아 들이다

새의 호흡법

일찍 일어나는 새는
벌레를 잡기 위함이 아니다

동터 오는 새벽 다섯 시
잠 못 드는 영혼을
맑은 부리로 적셔주기 위해서다

깊은 숨 들이쉬게 하는 것이다

꽃길

꽃길로 들어섰다고
환호작약 마라

맹독은
꽃 속에
숨어 있나니

말벌 독침에 맞았다고
주저앉지 마라

명약은
그 독에서 나오느니

눈을 뜨다

여지껏 근시라는 이유로
봐야 할 것 제대로 못 본 눈
세상 좋아져 수정체 갈아끼우니
놓치며 지나쳤던 것 보이기 시작했다

보이니 들여다보았고
자세히 관찰하니 사리가 뚜렷해졌다

기존에 알던 것들 죄다 폐기했다
도처에 굴러다니던
할머니와 어머니의 입말들이
소스라치듯 깨어났다

가령 바람에 따라 눕고 지는
풀잎에 새겨진 오래 된 연원이나
왜 사람들은 끊임없이 하늘을 쳐다보는지
별은 가슴에서 어떻게 빛을 내는지

인생

인고의 광야에서 일찍이
불타는 떨기나무 만났으나

재를 뒤집어쓴 채
헌 데 긁어내야 하는
욥의 시절이 오고

해 아래 새 것이 없다는
솔로몬의 탄식에 이르다

고토를 그리며 우는 드발강가
다시 바빌론의 유수는 찾아왔다

인간을 짐승의 우리에서
끌어올린 성인成仁 예수
사람의 아들이 되었다

우리 모두

걸어가야 하는

그 길

생生의 마디

대나무 마디처럼 모든 존재엔
삶의 마디가 여럿 있다

7년 땅 속을 견디는 매미의
어둡고 긴 무명無明의 애벌레생生

찢길 듯 아픈 허물 벗어내며
젖은 날개 힘껏 펴는 우화등선羽化登仙

보다 더 큰 울음 위해
몸 절반을 비운 채 청각마저 끄고
한 달 남짓 온 힘을 다해 우는
보살도의 굵은 마디

마디를 만들고

마디를 딛고

마디를 넘어

소리와 감각 모두 사라지고
원형原形의 빛으로 빨려 들어가는 마디

실존으로 오직 존재하는,

세상에 가치 없는 존재는 없다
풀꽃 하나의 작은 눈빛일지라도

바다, 들이다

원형原形의 내게로 돌아가는 길을
끊임없이 자아는 물었고
마침내 영혼은 답을 해왔다

고통도 내게서 왔으며
지극한 외로움도 나의 원함이었다

나방이 불의 제의를 거쳐야만
다다르는 삶 너머의 죽음
죽음 너머의 삶

인간에 내재되어 있는 욕망과
두려움은 일란성 쌍둥이다

그러니 욕망을 놓으면
두려움도 사라진다

꽃 이파리가 떨어지자
곧장 본질에 가닿는다

거친 폭포수와
굴곡지고 더럽혀진 강물을
온전히 들이는, 바다

한 호흡 깊이
들이마시고 내쉬니
피안이다

상선常禪

잘못 든 길이든* 가시밭길이든
내딛는 발걸음마다 행선行禪이었느니
모든 생명과 교류한즉 통선通禪이었느니

가슴이 찢겨 슬퍼하니 애선哀禪이요
땅이 일어나 노하니 분선憤禪이며
고통으로 울부짖는 영혼이 있어 통선痛禪이다

기력이 쇠하여 누우면 와선臥禪이요
한 호흡으로도 기뻐하니 낙선樂禪이다

지난한 묵선默禪의 인강忍江 너머
저녁이 되매
깊은 몽선夢禪에 든다

아침이 되니
또 한 생
잘 살다 왔다
연선連禪이다

연선然禪이다

*김여옥 제3시집 『잘못 든 길도 길이다』

무심, 가을

살과 뼈를 풍화하여
고요의 중심으로 들어간
갈대는 더욱 순정해졌다

여린 햇살 한 줌이 아쉬워
해바라기는 숨을 떨궜다

양볼 가득 부풀린 다람쥐 뒤로
들고양이의 불켠 눈이 매섭다

내 새끼들은 은제 온다냐
마른 콩대 같은 밤골 할매
갈퀴손으로 홍시를 딴다

집어등 매단 갑오징어배 위
갈매기 여럿 출항을 준비하는

홍원항 치잣빛 노을에
까치밥은 붉게 익어간다

무경계
— **천태산 은행나무의 숨**

휘감아 솟구치는 금강에 깃든
소슬바람의 벅차오르는 숨결이다

추풍령 고갯마루 떠도는 반딧불이
그 애절한 생명의 노래다

38억 년 화석의 불꽃들과
46억 년 태양파 광자들과

소백산 사방팔방을
들락 날락

천지 간 중중무진을
오르락 내리락

1,300세 대덕의 화엄
온 누리에 혼융하시다

곡진한 생령의 기꺼움이다

생령의 지극한 즐거움이다

청춘

부러진 죽지로
날지도 못하고

땅 위에도 굳건히
발 붙이지 못하는

작은 발만 오종종종
파닥 파닥대는
파랑새

젊은이

기억나지 않는
먼 옛적
고향집 찾아

희미한 렌턴
머리에 꽂고

어둠 속을
이리저리
헤매고 다니는

시의 길

강물이 강물이게
나무가 나무이게
사람은 사람이게

지상에
새기는
천문天紋

회갑

평생
해왔던
숙제

놀이가
되다

평온

우주의
숨결
한 가득

오목눈이새
깊이
호흡하다

청아한 목청
대지에
내려앉다

조요히
파문
일렁이다

요설가
― 꾼

허명을 얻고자
허욕에 사로잡혀
허망한 것들을
허언으로 낼름날름

허다한 허세로
허기진 허깨비들
허탄으로 인도하는

허허로운
허공에
허 허 허 허

허튼 헛웃음만
헛되이 난사하다

사랑
―서恕

1.
사람이
끝내
이르러야 할

곡진함

2.
내 마음이
네 마음이
되는

사람됨의
궁극

가도可道

상도常道는 비도非道다
상명常名은 비명非名이다

눈 감아야
보이는
비욘드 코스모스

행복

지극한
슬픔
뒤

잦아드는
흐느낌

성誠

애쓰지 않아도
중심을 잡고

머리 쓰지 않아도
답을 아는

인간의 길
너머

하늘에
이르는 길

2부
침묵은 악의 편

아니 온 듯 가시옵소서

사람은 우환에 살고 안락에 죽는다*
실제 인간의 세포는 불안정으로 살아간다
우리 세포는 죽는 순간에야 안정된다

어쩌면 인간은 안락을 원치 않는지도 모른다
끊임없이 욕망하고,
수없이 좌절하고 고통스러워하며
생채기 내는 데 골몰한다

최초의 나로부터 스스로 멀어져 가면서
이젠 너무 멀리 와
되돌아갈 수 없다고 괴로워한다
지혜에서 점점 더 벗어나
우매의 진창길로 한 발짝씩 들어간다

당신의 내벽은 강한가
내벽이란 나를 사랑하는 것
남을 용서하는 것
그리하여 바람이 내 안에 틈입하도록

넓게 길을 내주는 것

인류가 바뀌지 않으니
지구는 지금 자정작용을 하는 것이다
어쩌면 코로나는
인류에게 축복으로 온 건지도 모른다
자연은 스스로 그러하니까

이제 나는 되돌아가고 있다
나를 떠나온 첫 자리로
밥알을 꼭꼭 씹듯이 천천히
한 발 한 발 땅을 다지며 딛고 있다

사랑하고 사랑하고 사랑하는
창백한 푸른 점** 지구별을
아니 온 듯 떠나가기 위해

* 맹자, 생우우환 사우안락 生于憂患死于安樂. 김관식이 시 「병상록」에 썼다
** 칼 세이건의 책

자유라는 이름의 폭력

작물밭에 원치 않는 풀이 자랐다고
잡초라고 부르지 말 일이다
다른 곳에서 그것은 향기나는 풀꽃일지니

나와 생각이 같지 않다고
틀렸다며 손가락질 말 일이다
그는 어느 자리에서는 빛나는 이름일지니

늑대의 자유로
사슴의 자유를 죽이지 말라*

사랑이란 이름으로
평화라는 이름으로

어느 누구든
생명을 해칠 권리는 없다

* 전남대 철학과 박구용 교수의 저서 『자유의 폭력』 중에서

침묵은 악의 편이다

18, 9세기 다산은, 옛사람의 정심正心은
고요함에 머물러 침묵하는 게 아닌
사물과의 접촉에 있다고 했다

20세기 한나 아렌트*는 인간의 조건으로
정치**하는 행위자를 말한다
여기서 정치는 참여하다, 행동하다는 뜻이다

행동하지 않은 양심은
악의 편이다
20세기와 새 밀레니엄을 살다 간 대통령 김대중의 말이다

기원전 사람 아리스토텔레스의
사회적인 동물을 넘어서는
적극적인 주체로서의 인간이다

21세기인 2024년 대한민국을
비인非人 몇몇이 난도질하고 있다
소인과는 말도 섞지 말랬거늘

하물며 정성情性***조차 없는 비인임에야

* "누구든지 자신이 하는 일에 의문을 제기하지 않는 자는 부당한 권위에도 의문을 제기하지 않으며, 그 권위에 동조되어 언제든지 악을 저지를 수 있는 잠재성을 지니고 있다." — 한나 아렌트 『악의 평범성』 중에서
  ** 동양에선 철학을 정치로 구현했다
  *** 애초에 본래 있는 마음

나는 언제나 나를 향해 서 있었다

애초에 잘못 든 길은 없다
가고 있고 가야 하고, 갔던 곳 모두
나의 길이다
히말라야 등산로가 그처럼 다양하듯

수없이 찢기며 피흘리며
가시덩굴을 헤치면서 애타게 찾던 길

그 수없는 찢김이 길이었다
그 흘렸던 핏자국이 길이었다

지난한 고통을 극복하는 일
삶을 향한 길이었다
나를 향한 길이었다

실패란 해진 옷 꿰맬 때나 필요한 것
삶이 구멍난 듯 보일지라도
인생에 실패란 없다

엉망인 삶이 더 나은 건지
대체 누가 알겠는가

세상의 소요로부터 문을 닫고
골방에 들어 스스로를 대면하라
내가 곧 길이었다

나는 언제나 나를 향해 서 있었다

또 다른 생

죽어 다시 옮겨 사는
그런 세상이 있다면 좋겠다

태어나보니 북한 아이티 남수단
태어나보니 전쟁터인 우크라이나 팔레스타인 가자지구
태어나보니 주먹만 휘두르는 폭력 아빠
태어나보니 장애인
태어나보니 부모 없는 고아
이들이 선택할 수 있는 그런 세상이 있으면 좋겠다

굶주리고 학대받고 천대당한 이들
전쟁의 총알받이로, 국가의 노예로
농락당하고 모욕당하고 사육당한 이들이
영문도 모른 채 죽어간 원혼들이
다시 한 번 멋들어지게 살 수 있는
그런 세상이 있음을 믿고 싶다

이 세상은 우리 삶의 체험장
맘껏 경험하고 오감으로 느껴보는 놀이터

각양의 생물들과 함께 그리는 우주의 캔버스

간밤 꿈자리 한 번 사나웠다고
이부자리 털며 기지개 켜고 일어나듯
애벌레가 찬란한 나비로 탈바꿈하듯

죽음의 문 너머 펼쳐지는
또 다른 생

공범

여기 다정하고 부드러운 간호사가 있다
그는 타인과 공감할 줄 아는 진정한 간호사였다
동료인 여자 간호사는 그런 그에게 마음이 끌렸다
하지만 주변 환자들이 하나둘 죽어나가자
여간호사는 그를 의심하기 시작했다

서서히 그의 범죄 윤곽이 드러나자
그녀는 병원과 경찰에 알렸다
병원은 책임을 피하고자 감추기에 급급했고
여자 간호사는 내부고발자로 낙인 찍혔다

환자들 링거에 약물을 주입해
병원을 옮겨가며 40여 명을 죽인 그 남자, 좋은 간호사

아무 원한도 없는 그 사람들을 왜 죽였는지 그녀가 물었다
그가 담담히 대답했다
아무도 나를 말리지 않아서요*

지금 질문하지 않으면

지금 여기서 멈추게 하지 않으면
우리는 이 무도한 정권의 공범이다

*미국 연쇄살인마를 다룬 실화바탕 영화 〈그 남자, 좋은 간호사〉 중에서

예언

어둠의 자식들이 시뻘건 죄를 잉태하자
사악한 새끼들이 태어났다
그것들은 은폐된 곳에서 숨죽여 자라다가
사람들이 한눈 판 사이 거리로 쏟아져나왔다

길 한복판에선, 키들거리며 비아냥대는 소리
퉤퉤 가래침 뱉는 소리
구두 발길질 소리가 넘쳐났다
주둥이만 열면 나오는 시커먼 거짓말과
돌아서면 자기 말도 바로 부정하는
날리면 그만인 철면피한 망각의 후예들

그때부터였다
하수구에서 올라오는 시큼한 음식 냄새
빵부스러기 가득 물고 술 취해 찍찍대는 쥐새끼들
어디서 매캐한 연기 같은 소문을 타고
사체 몇 마리 떠오르기 시작하더니
무당은 쇠가죽을 벗기고 굿판을 벌였다
발정 난 계집과 사내는 백주대낮에

사람들이 지켜보는 가운데 한바탕 홀레 붙는 중이다

부끄러움은 돼지들이나 느끼는 것
우리 같은 신의 자식에겐 해당 없는 일
아픔이니 고통이니는 개들이나 느끼는 것
맘껏 짓밟는 자유는 오롯이 우리의 것
징징징징 꽹꽹꽹꽹

성경에서 가장 무도한 왕 아합*은
큰 음녀 이세벨과 혼인하여
그녀의 준동으로 바알숭배자가 되었다
그들은 신전을 짓고 우상을 섬겼으며
선지자들을 핍박하고 살해했다

이세벨은 남의 포도밭을 뺏기 위해
밭주인을 재판에 넘겼으며
사람들로 거짓증언을 하게 하여
그를 죽이고 포도밭을 빼앗았다

역사는 끊임없이 반복되고
우리는 예언이 이루어짐을 안다
이세벨은 창밖에 내던져져 죽임을 당했고
아합은 병사가 쏜 화살에 맞아 전사했다

* 구약성경 『열왕기列王記』 상권 16:29　22:40

오해와 진실

유사 이래 권력으로 군림해 온 종교는
높은 장대에 신을 올려놓고
기관총을 손에 들려
천지사방을 난사하고 있다

무지하거나 사악한 종교인들은
역사와 환경을 배경으로 씌여진 성경이
최고의 심볼리즘 철학서라는 걸 부인한다

싱글원으로 우뚝 선 존재의 오도송이며
돈오점수하며 아들을 낳아가는 천로역정
그 복된 소식이라는 걸 모른다

원죄의식과 선악구도 속에 매몰된 채
눈 앞에 있는 천국을
무간지옥으로 만들고 있다

경계 너머의 길

노화와 외상으로 인해
수정체가 혼탁해지는 백내장이 왔다
그간 느낌이나 이미지로 대상을 봐온 셈이다

심안으로 사물을 인식하니
육안으로 볼 수 없는 것도 보여
그 또한 나쁘지 않았다

근원시는 물론 난시도 좋아진다는
최신 독일산 인공수정체로 갈아 끼웠다

신기하여라
육신의 눈이 환해지니
영안도 덩달아 열리는가

내 원시의 망막 속에는
먼 데로 길이 하나 나 있었다
이슬방울 투명히 어려 있는,

심연을 오래 들여다보고 있으니
어느새 심연이
나를 들여다보고 있었다*

경계가 사라진 길 너머
또 다른 세상이 펼쳐지고 있었다

*니체

사람의 아들
― 다큐 〈어른 김장하〉

저런 눈
저런 얼굴
본 적 있다

잔잔한 호수
반짝이지 않는

스스로를 가만히
들여다보게 하는

2천 년 전 중동의 광야에서
백 년 전 만주벌판에서

난삽하지 않으며
결코 삿되지 않는

무등無等에 이른
담담안眼 무심안顔의
싱글원

어느날 159개의 우주가 사라졌다
— 국가가 두 번 죽인 이재현 군*

초승달은 끝내 보름달이 되지 못했다
그날 나는 거기서 친구들과 함께 이미 죽었고
43일 뒤, 죽은자도 산자도 지켜주지 않은 국가에 의해 또 죽었다

간신히 자아올린 가느다란 생명의 씨줄
친구들을 잃고 1주일 만에 학교도 가고 헬스도 끊었다
살아보겠다고, 기껏 15분에서 20분 상담해주는
형식적인 심리치료센터에도 다섯 번이나 갔다

우린 어릴 때부터 늘상 하던 대로 놀던 고등학교 1학년이었다
밤 10시 반까지 들어오라는 엄마 말씀에 전철을 타러 가던 길이었다
40분 간 인파에 깔려 의식을 잃기 직전 구조된 나는
고통 속에 죽어가는 친구들을 보았다

윤석열 정부는 희생자들의 명단공개도 끝내 거부했다
도리어 희생자들을 향한 모욕과 2차 가해로
모멸감은, 혼자만 살아남았다는 자책과 함께 깊어만 갔다

그곳에 국민의 지팡이라는 경찰은 없었고
입만 열면 국민타령하는 정부의 책임자 또한 없었다
정권의 하수인들은 연일 유가족들을 갈라치기로 능멸했고
세월호 참사처럼 온갖 프레임을 덮어씌웠다

해 뜨기 전 사라지고 말 권력자들아
우린 너희가 유린할 수 있는 영혼이
아- 니- 라- 고-

숨이 턱턱 막히고 울분이 터졌지만, 무기력했다
자살예방센터에도 문의해봤다 살려고, 살겠다고

단지 숨을 쉬고 싶었다
어른들이 지켜주지 못한 세상
아이들을 지켜주지 않는 국가로부터 벗어나고 싶었다
마침내 보름달로 차오르는 상현달이고 싶었다

"40분간 인파에 깔려있다 의식을 잃기 직전 구출된 이재현 군은, 심리상태는 말할 것도 없고 근육세포들이 파열돼 치료받아야 했지만, 친구들을 마지막으로 봐야 된다며 장례식 참여를 원해 이틀 만에 퇴원했다. 야간자율학습 후 귀가하지 않은 아들을 부모가 실종신고했고, 12월 12일 밤 11시 40분 숙박업소에서 시신으로 발견됐다. 휴대폰에는 '곧 친구들을 보러가겠다'는 메모와, '엄마아빠에게 미안하다. 나를 잊지 말고 꼭 기억해달라'는 동영상을 남겼다. 일국의 총리라는 한덕수는 말했다. "본인이 치료생각 강했다면 좋았을 걸". 국가 행정력이 전혀 작동하지 않아 희생된 2022년 10·29 이태원 희생자 159명의 명복과, 유가족들에게 깊은 위로를 전한다. ― 이태원 참사 1주기에

사망

내 편과
네 편을

옳고
그름을

왼편과
오른편을

선과
악을

천국과
지옥을

이를 규정 지은 자들이
예수를 십자가에 매달아놓고
2천 년간 조롱하고 있다

가난한 영혼들을 갈취하며
바벨탑 위에서 히히덕거린다

머지 않은
길고도 길
그들의 밤

열두 지파와 십사만사천

아프리카에는 디스크병이 없다
거기엔 디스크 병원이 없기 때문이다

『아내를 모자로 착각한 남자』*를 읽다
호흡계 신경계 순환계 소화계 골격계 근육계
혈관계 외피계 배설계 내분비계 생식계 면역계
생명을 이루는 열두 지파와
십사만사천으로 상정되는
촘촘한 세포의 인드라망을 보았다

눈에 보이지 않는다고
없는 게 아닌 디스크병

무한한 욕망의 육축六畜과 땅에 기는 것들
두려움으로 날뛰는 바다짐승과 날짐승들
무의식에 깊이 또아리 튼
또다른 열두 지파와 십사만사천이다

가면 속 숨어있는 십사만사천을 죽이고 죽여

아브라함을 낳고 다윗을 낳고 예수를 낳는,
순결한 처녀만이 아들을 낳고 낳으리니

오직 성령이 내게 임하면
탐진치貪瞋癡 열두 지파와 십사만사천은
구름 속으로 홀연히 사라지리라

내 의식과 무의식의 머리꼭대기에서 발끝까지
(예루살렘과 온 유대와 사마리아와 땅끝까지)
내가 나로 우뚝 서겠고
생명의 세포 십사만사천은 그 증인이 되리라

*신경학자 올리버 색스의 대표작

I AM that I AM

나는
모두의 과거며
모두의 미래다

우리는
나의 미래며
나의 과거다

씨앗은
뿌리의 미래면서
뿌리의 과거고

뿌리는
씨앗의 과거면서
씨앗의 미래다

삶은
죽음의 과거며
죽음의 새로운 미래다

죽음은
삶의 미래면서
삶의 또다른 과거다

예수는
나의 과거이자
나의 미래다

나는
예수의 미래며
예수의 과거다

나는
사람의
아들이다

한국 교회는 들으라

내가 너희 절기를 미워하여 멸시하며
너희 성회들을 기뻐하지 아니하나니
너희가 내게 번제나 소제를 드릴지라도
내가 받지 아니할 것이요
너희 살진 희생의 화목제도
내가 돌아보지 아니하리라

네 노랫소리를 내 앞에서 그칠지어다
네 비파소리도 내가 듣지 아니하리라

오직 정의를 물같이
공의를 마르지 않는 강같이
흐르게 할지어다*

한 점 한 획도 땅에 떨어지지 않는다는
너희
야훼 하나님의 말씀이니라

*구약성경 『아모스』 5:21~24

/ **3부**
망망고독

고향 안개밭

물 오른 밤꽃나무
비릿한 향내

비에 젖은 숨결로
살포시 눈뜨는 안개

태를 묻은 고향엔
다시 가지 않으리

그곳은 눈물천지에
안개천지이기에

다시 일어선 바람

바람은
풀썩 주저앉아 버렸다
고개 고개 넘던 풀바람
이대로는 못 가겠다며
키만 멀쩡게 큰
너도밤나무 품안에서

이러면 못써,
이젠 그만 일어나야지

줄지어 서 있는 갈참나무들은
퍽이나 다행스러워하는 눈치다
자기들 곁에 주저앉지 않은 바람을

정말 이러면 화낼 거야
어서 가, 가란 말이야

네 활개를 쭉 뻗으며
드러누워 버린다, 돌개바람은

내가 그의 등을 떠밀자

바람이어야 해
바람은 바람이어야 해
봐, 네가 없는 꽃자리는
활활 타올라 날아갈 것만 같아
연기는 연기파람으로 날아올라
금방이라도 구름꽃밭
불붙어 버릴 것 같잖아

네가 그런다고 달라질 건 없어
불꽃은 얼마든지 날아오를 테니까
그만 올라가고, 이젠 내려와라
타던 불꽃마저 빼앗기지 말고

불빛 소릴 내며 달려가고 있다
달빛으로 일어나 내려오던 바람
다시 일어선 오로라 여신답게
카랑카랑한 소리로 벌써 저만큼

달의 사망진단서

그날 밤 내내
달은 소리내어 울었다
상장喪章 하나 유두에 꽂고
뿌리까지 열병 도져 있는
머리통 속으로
뚜벅뚜벅 걸어 들어가고 있다
천 갈래 만 갈래 잔발 내리고 있는 그 몹쓸 염병
저희끼리 히히덕거리면서
박장대소하고 있다

그러다가 잠시, 달은 혀를 빼물고
바다둔부 속으로 거꾸러지고 있다
유난스레 콧대 높은 밀물파도
허리를 흔들며 흐느껴대는
그 모습 하 민망스러워서
자꾸만 고개를 도리질하고 있다

아침신문 사회면 귀퉁이에 실린
1단짜리 달의 사망기사를 보았다

그 소식 접한 뒤로
난 꿈에서 울고 있는 하얀 그녀를
더 자주자주 만났다
달빛 살아 있을 적보다 더 자주

달의 사망진단서를
끊어주지 않을 수가 없었다, 나는

꽃이 되고 싶은 새

죽어 가벼워지면 꽃이 되는 새
새는 밤이 되면 타오르는 불꽃으로 날갯짓한다
빛깔 짙은 불꽃으로 날갯짓한다

꽃이 피는 것은 그리움 때문이다
죽은 새가 별이 되어 반짝이기 때문이다
거미줄에 걸린 청람줄무늬산제비나비
날고 있을 때는 자유가 있기 때문이다

개구리가 흙탕물 속에서도 왈왈거리는 것은
겨울이 되면
땅 속 잠을 잘 자유가 있기 때문이다

풀이나 곰이나 겨울엔 단잠을 잔다
다시 봄이 되면 깨어날 줄 안다

저 늪의 초목 즘생들은
사람 숭낼 다 낸당께

어질머리 광주

버스 안에서 내다보는 금남로는
발가벗고 춤추는 간판들뿐이라서
신음 소리로 무등산이 몸을 뒤집는다

간판들도 한글 모음으로만 울고 있는 빌딩 위에
찢어진 나라의 태극기가 나부끼고 있다

도청 광장을 바라보면 그날의 어질머리가 인다
아스팔트가 불쑥벌떡 일어나서는
느닷없이 바리케이트가 되어 앞을 가로막고
예광탄들은 아우성 쪽으로만 달려가고 있다
지금도 긴 불꼬리를 단 채

우뚝 달려와 다가서는 무등산 이마
그날 금남로에 떨어진 꽃들의 음성을
하나하나 메아리로 들려주고 있다

동국凍國의 봄

이 나라의 겨울은 길다
발가벗고 우는 숲들은
계엄령 아래 갇혀 있다
뼈만 남은 자작나무들은 떠나려고만 한다
동국凍國의 눈내리는 제 숲을 버리고
다만 고비사막이라도 좋았다

말의 물꼬를 터야 한다
살 한 점씩 발라내어
동이東夷의 제방을 튼실히 쌓아야 한다
구멍 뚫린 천창天窓으로
해비는 쏟아져 내려야 하고
휴전 지층, 갇힌 물길까지 솟아올라
우리 흰 옷자락 풀어 제껴져야 한다

봄이면 산천은 예대로 돌아온다
잃어버렸던 옷가지를 찾아 걸치고 다시 온다

계엄령이 내려지는 동국의 숲일지라도

진정한 이 나라의 봄은
겨울에 기다려야함을 알고 있기에

그림자 놀이

굴렁쇠놀음이다
잘도 돌아가는

돌리는 이는
그림자뿐일까
한바탕 신명나는 굿판이로다

어디쯤서 바퀴는 멈춰질까
꽉 붙든 채 굴러야 할 세상판이다

떨어지진 않을까,
그림자 반쪽씩

맴돌다 맴돌다 돌고 돌아오는 길쯤이로다
그대 만날 수도 있긴 있는가

겨울옷 벗기

나 이제
떠날 채비를 해야겠네

겨우내 따숩던 이불홑청 갈고
아직 김치내음 배어 있는 장독대
그 항아리를 씻어내면서
삼동三冬의 햇빛도 닦아내야겠네

봄볕은 여느 때보다 더 따사로우시니
며칠 전 심은 노란 팬지꽃도
때마침 뿌리를 내리기 시작했다네

이젠 내 몫의 달란트를 찾아
어딘가에 갈무리된 소중한 몫을 찾아
이 봄엔 떠나려 한다네

겨울옷 모두 벗어 날리고
나 이젠 정말 떠나야겠네

행복 오르기

요즈음 난 술시戌時에
행복 오르기 연습중
낮게 더 낮게 엎드린 채
먼 발치쯤의 그대를 향해
한 치 틈새도 없이
기어 올라가고 있는 자정子正 무렵
나의 자정은
살아 있음에 차마 눈물겨운
실제 공습경보 상황이다

동여매는 그대 흰 다리끈
인시寅時를 향해 난 지금
행복 오르기 연습중

묘시卯時쯤엔 끈적한 어둠 풀리고
해 오를 무렵
내가 품은 달은 또다시
저만치 멀어져 간다

해수산咳嗽山 울음 소리

대차 참말로 묘하긴 묘하시
날만 궂을락하믄 저 눔의 산이라 거이
그릉그릉 울어싼단 말이여
뭔 조화 속인지 당최 모르것당께

장독아지 꼴가리를 털어내믄서도
오마닌 쌔를 끌끌 차셨제라
난 읽던 책을 토방에 내려놓곤야
살살 장짓문을 닫었제라

아그 적 파장에 나는야
푸런 도깨비불 한나 보았다네
겁나게 무선 그 불 지깨가는 거를
열 손꾸락 새로 다 지켜봤제라

그 푸런 불은 선은산* 뒤안켠에 떨어졌다네
장곽에 낸개 있던 어른들이 술렁거렸제라
'알곤메, 이담시도 가찹게 떨쳐진 거 본게
오늘 낼 새 누가 죽을랑갑네, 으짜까잉!'

오래비가 간신간신 버티던 고개 그 모가질 그만 떨구자
오매는 으짜까 까무라치셨다네
좋이 하래(하루)를, 오매는 오래빌 찾을라고 환장해서 돌아댕겼당께

댕기다 댕기다 물기 모도 마른 눈
빼짝 마른 눈 떴을 때
그때도 오마닌 그릉그릉 해수산
해수산 울음 소릴 들으셨다네

아야, 그란디 온 아츰 라지오서 그라든디
수서지군가**는 뭣이고, 구케이온 몇 맹이
또 잽혀갔단 고 말이 도시 뭔 말이다냐

토방에 놓인 책을 들고 오시면서
오마닌 나한티 물으셨다네

'오메, 내 책이 고기 있었능갑네!'
난 책을 받아들면서

짐짓 해남 말로 딴청만 부렸다네

* 해남군 화산면에 있는 산
** 1991년 노태우 정부시기 최대 권력비리였던 수서지구특혜분양사건. 이후 특검 도입의 계기가 되었으며, 그 파장으로 우리나라는 1997년 IMF위기를 맞았다.

불임의 끝

그날 따라 내 몸 어딘가에선
자꾸만 비린내가 난다
밤 내내 씻어내도 사라지지 않는
청태靑苔의 비릿함

잉잉대며 불어오는 바람 몇 타래에 실려
내 영혼 물푸레나무 한 포기
소금물에 갈무리되어 길 떠난다

가다가 가다가 가쁜 숨 몰아쉬다가
때론 동녘하늘을 쳐다본다
텅 빈 몸 속 날갯짓 소리
내 살 속 어딘가 알 하나 깨지는 울음 소리

떠오르는 햇덩이를 못내 바라보다가
태반 속에서 느껴지는 미동微動
긴 달밤 불임의 끝에
비로소 발길질 당한다
바람은 자궁 속에서 뜬눈으로 살아 있다

마른번개 소리

며칠 내내 화살비 쏟아지더니
청죽靑竹 잎새 너머 마른하늘엔
아스라한 번개 소리
고가도로 허리 위에 걸렸다

우기雨氣를 말갛게 헹구어내
마른번개 소리 한 자투리를
빨랫줄에 내다 널었다

무등산 수박울음 소리에
영광굴비 삐쩍 말라가는 소리
목냉기 주막집 술익는 소리도 들린다

마른번개 소리를 붙잡아
서울하늘 짙게 깔린 대낮 음기陰氣를
하얗게 새하얗게 뽑아내어
팽팽한 빨랫줄에 내다 널었다

안경알에 비친 세상

아름다운 봄이라도
만상은 물빛처럼 다르다

눈이 좋은 사람이
도수 높은 안경을 끼면 어지러워 보이고
눈이 나쁜 사람이
도수 낮은 안경을 끼면 물맹늘이 된다

이런 안경 쓰고 사는 한
무릎을 깨면서도 앞사람만 따라가야 하리니

바로 볼 수 없는 건 이 안경 때문이다
푸른 안경을 쓰고 보면 푸르게 보이고
붉은 안경을 쓰고 보면
당신도 붉게 보이기에

이 색안경을 쓴 정치마당에서는
빤히 눈을 뜨고 걸어가면서도
금박수를 뿌리게 된다

빌딩에 반사되는 서울 공기는
아침저녁으로 그 빛이 달라 보인다
제대로 불어가는 바람이라야
초록 투명한 봄아침이 보이겠지

아무리 아름다운 봄일지라도
제 눈에 바로 비쳐오는 봄이라야
빛다운 봄날이라 할지니

질서는 편하고 자유롭고 아름다운 것*

편하고 자유롭고 아름다운 질서 위에
고상한 '문화의 거리'**에
한 마리 개가 달려간다

그 개는 달려가다 바다를 보고 짖으며, 멈칫거리며
그러나 주저하지 않은 채
멀리 정박한 외항선을 바라보며
짖으며, 멈칫거리며
전봇대에 기대어 한 쪽 다리를 쳐들고
여지없이 오줌을 갈긴다

이 편하고 자유롭고 아름다운 질서 위에

* 1980년대 초 길거리에 자주 등장하던 슬로건
** 인천 월미도 부두 앞 거리. 이곳으로 6·25 한국전쟁 때 더글라스 맥아더 장군은 상륙작전을 개시, 한반도 허리를 강간하듯 가로질렀다

시인의 어머니

시가 뭔지는 잘 모르제만
테레비에서 본께 시인은 외롭고,
시는 할수락 무장무장 심들다고 허든디
그라고 잽혀가기도 한담서
으째서 닌 해필 그 일을 할라고 허냐
   그러나 어머니, 어머니

그래, 돈이 뭔 필요 있겄냐
그라고 인명은 재천이라 했웅께
한 번 시작헌 일
목심 걸 듯 야물딱지게 해부러라
   그러나 어머니, 내 어머니

우리나라 좋은 나라

서울 와서 처음 가본 서울대병원은
그 이름만큼 담도 높았다

15년 전 오늘 죽은 내 오라비는
그 좋은 약 한 번 못 써보고 갔다
한이나 남지 말라고 데려간 지방 병원
한낱 인턴들의 실습용 몰모트였을 뿐

내 자식 늬들 손에 죽게 할 순 없다고,
반송장된 오라비를 떠메고
울엄마 오는 길엔
풀잎마저 몸져 누워버렸다

상류층 많은 우리나라 좋은 나라
나는 유명한 병원이라도 갈 만큼
유별난 병 같은 건 앓지도 않았다

서울 와서 첨 가본 서울대병원은
담이 높은 만큼
사람들도 모두 목 깁스 하고 다녔다

그리움 혹은

그대 무슨 그리움이 그리도 깊어
온몸 삭신 접어
마디마디 단풍으로 불태우는가

무슨 한이 여직도 남아 있어
한 겹 한 겹 옷을 벗어 사르는가
이 가을에 그대는

잎 다 떨어뜨린 메타세콰이어처럼
그리하여, 그대는
뼈 한 자루 알몸으로 서서
벌거숭이 하늘을 우러르는가

아, 먼먼 기다림 끝에 하얀 눈이 내릴 것을
그댄 이미 알고 있었구나
흐르는 물, 그 맑은 혼의 순리
그댄 흐느껴 이미 알고 있었구나

해울음

해울음 소릴 들었다
해빛 휘감아 물들이는 소리
그게 첫 번째 실수였으리라

새벽 닭울음
아, 이토록 피 타는 속내
그게 첫 번째 실수였으리니

신이 갚아버린 피울음이었기에

사진 한 장

가을 기러기 날아드는 냇가
벼랑 위
꽃잎 하나
천지 허공 꽉 채우며
나부낀다

달 밝은 밤 내 귓불로
잦아들던 소쩍새
영혼보다 고요한
목청

기러기 내리는 가을밤
내 오라비 눈빛,

그림자 삼삼한
그 사진
한
장

내 위장은 공복중

웃음을 사르는 가을
그 벗긴 아랫도리
핏줄 툭 불거진 다리 사이로
햇빛들은 깔깔대며 기어오르고 있다

내 약한 시력이 번쩍 빛난다
보도 블록은 얼룩지고, 하늘은 내려와서
거리마다 찰랑거리고 있다
아침 물안개는 사뿐사뿐 피어나
내 머리카락과 레인코트 깃을 적시고 있다

채워도 채워도 내 위장은 항시 공복중
이 망망한 공기 속
헛기침이라도 메꾸려는 듯
불꽃연기는 오장구혈五藏九穴 속으로 죄다 스며든다

끝나지 않는 나의 자맥질은
허연 엉덩이까지 빠져 허우적거린다

내몰리는 웃음들 사이에서
반짝이던 이파리들은 일순 입다물고
새들은 오래 비워둔 제 집을 찾아
호들갑 떨며 천궁天穹을 날아오른다

날새들은 얼마쯤 갔을까
눈 떠보니, 천 길 낭떠러지다
'추락하는 것은 날개가 있다'던가
벼랑 끝으로 누가 홀로 내려앉는다

허공에 뜬 바다 속에서
희번득한 눈자위가 날고 있다
목마른 나의 순수는 멀티비전에 포착되고
완연한 빛깔로 가을이 신음할 때
지구를 못질하는 망치들의 울음 소리
신명난 징 소리 왁자하다

차라리 죽은 지애비의 비명이라 할까
혹은 죽은 지서방의 휘파람 소리라 할까

흙더미 속으로 가버린 지새끼의 목청이라 할까

연꽃 핀 달 이마에 그림자 내려앉으면
느닷없이 빛살무늬로 펼쳐지는 천평선天平線,
그 아슬한 오동꽃빛 하늘가
한 줄기 무지개가 섬허리에 걸려 있다

Poetic justice
― 보들레르에게

시인은 빨리 죽어야 할 빛이다
그 빛은 Poetic justice

한 시인이 늙어간다는 것은
참을 수 없는 지랄병이다

늙은 시인은 벌레 먹은 과일일 뿐

내 목숨 경영하는 그분께
오늘 밤 특별기도를 드려야함도
늙은 시인의 빛과 향기를 위해서다

다시는 뇌조목雷棗木이 꽃 피우지 않기 위해

망망고독

홀로 빗속에 홀로
불향기 버리고 서 있는
홀로의 조화弔花
알 수 없는 나라로 모두들
하나 둘 떠내려가면
몸뚱아리 저 홀로
허궁을 비벼대고 있다

어지럼증으로 갈피 잡지 못한 채 홀로
벗어내린다, 비틀대며
남루마저 벗어내린다, 홀로

잘 마른 바람 한 자락 홀로
숨 몰아쉬며 달려오다, 홀로
낄낄댄다, 홀로
그 모양새 하 우스워서

요지경 속의 조화弔花
홀로 나뒹군다, 홀로

아득한 나라로
둥둥 떠내려간다, 홀로

4부
김여옥 아포리즘

1. 인간과 존재

*

인간이 아름다운 건
불완전하기 때문이다

*

인간은 누구나 실수하지만
용기있는 자만이 실수를 인정한다

*

인간의 죄는 오직
스스로를 믿지 못하는 데 있다

*

인간의 존재 이유는 체현이다
자신의 삶을 마땅히 누리라

*

법대로를 주창하는 자 믿지 말라
인간의 길은 법 위에 있다

*

인간의 법이 정의는 아니듯
인간이 말하는 도는 참도가 아니다

*

신학은 인간학이다
모든 신화는 인간의 이야기다
인류가 이룩한 세상의 모든 것은
이야기에 의해 창조되었다
우리는 이야기를 위해 태어났다

*

인간은 지루함을 견디지 못해
긁어 부스럼을 만드는 동물이다

*

엉겅퀴와 인간의 DNA는 95%가 같다
지구의 모든 생명은 동질하다

*

분화된 현대의 학문들을
인간학이란 큰 틀로 통섭하여 사고하라

*

어떤 생명에게도
내겐 상처 줄 권한이 없다

2. 인생과 지혜

*

쌀밥이 고통이면
행복은 그 속에 섞여 있는 콩이다
어리석은 자는 애써 그 콩을 골라내며
밥이 맛없다고 불평한다

*

자신을 구하는 길은
스스로와 화해하는 것
너는 있는 그대로 완벽하다

*

우리가 고통을 견디는 이유는
용서라는 궁극의 항구에 이르기 위함이다

*

뒤돌아보지 마라
삶은 당신 앞에 있다

*

매순간의 변화가
창조다

*

모른다는 것을 아는 것
그것이 견성이다

*

타자의 욕망을 욕망하지 않으면
길 잃을 두려움이 없다

*

순간순간 작은 선택에 신중하라
그것이 운명을 만든다

*

사는 동안 반드시 해봐야 할 일은
아기와 눈 맞추는 일이다
옹알거리는 아기와 얘기하는 일이다

*

똑똑한 한 사람보다
덜 똑똑한 세 사람이 낫다
다정한 것이 살아남는다

*

사랑받아 본 자 사랑하며
사랑받지 못한 자 비난한다

*

어리석음으로 가득한 위장은 비우고
다양한 관점으로 뇌를 채우라

*

내 인생에서 사라진 말
절대, 당연히, 결코, 원래

*

식물은 베이거나 생채기 날 때 짙은 향을 풍긴다
고통을 이겨낸 사람의 향기가 그렇다

*

현대의 관종은
피해망상과 과대망상으로 나타난다

*

햇빛에 반짝이는 윤슬이 아름다운 건
바람 때문이다
내면이 빛나 보이는 사람은
고통을 잘 이겨낸 증거다

*

세상의 모든 아픔이 내 슬픔이 되는
시는, 문학은, 예술은 수도다
수도는 득도를 위함이 아니다

*

위로 올라갈수록
바람은 더욱 거세진다

*

행복은 어느 한 순간 찾아오는 게 아니다
숱한 고통이 밟고 온 시간의 족적이다

*

삶의 온전한 동력은 죽음이다
잘 죽기 위해 잘 살아야 한다

*

혼자 있다고 외로운 건 아니다
자극적인 언어에 현혹되지 말라

*

남을 흉내내는 삶은 얼마나 추한가
자신의 특질을 살린 나만의 삶을 살라

*

언제나 자신에게 질문하라
나는 지금 자본에 휘둘리고 있는가

*

적게 벌어 적게 써도 충분히 행복하다
남는 시간은 탐구와 사고에 몰두하라

*

정주하는 삶은 평생 한 그림만 보는 것과 같다
다양한 그림을 보려거든 유랑하라

*

스스로에게 주문을 외라
Everything is good enough

*

너를 사랑하는 건 나를 위해서다
나를 사랑하는 건 너를 위해서다

*

잘못 든 길이 아니고서야
어찌 바른 길을 찾을 수 있겠는가

*

인간 뇌의 신경세포 95%는 서로 접속하지 못한다
잘못 든 길, 엉뚱한 생각이 잠든 뉴런을 자극한다

*

당신이 알고 있는 건
진실이라는 허상이다

*

순천자順天者는 바람을 따르는 자가 아닌
바람을 극복하는 자다

*

내가 만난 사람은 친구거나 스승 두 부류뿐이다
내게 아픔을 준 모든 이는 인생의 스승이다

*

너무 용쓰지 마라
달은 때가 차야 이운다

*

한 우물만 파는 사람은
자기가 판 우물에 매몰되고 만다

*

자기 확신이 강할수록
타인의 언어일 확률이 높다

*

사랑은
세상 모든 것의 궁극이다

*

자식은 부모의 가시면류관이자
지상의 가장 큰 스승이다
자식이 아니라면
삶을 제대로 돌아볼 이 몇이겠는가

*

두 발이 어딜 딛고 있는지만 알면
천천히 가도 삶은 충분히 풍성하다

*

자신의 신념만이 옳다고 주장하는 자는
물기 없는 나무처럼 금세 부러지고 만다

*

생명의 작동 원리는
진화가 아닌 끊임없는 변화다

*

한 권 책으로 세상 두려움 없는 자와
만 권 책으로 세상 다 안다는 자는 요설가다

*

세상의 규범으로 갑옷 입지 마라
결벽자는 넘어져도 더 심하게 다친다

*

바람의 틈입을 허용해야
삶의 코어는 강해진다

*

세상의 지식은 실상을 가리고 있다
지혜는 인식을 바꿔야 찾아온다

*

원래 그렇다는 말은
스스로의 정체성을 오래된 똥물에 처박는 것이다

*

진리란 감춰져 있어서
찾는 이에게만 드러나는 것이다

*

열려 있던 영혼의 문을
언어라는 자물쇠가 잠궈 버렸다
언어는 지식으로 나가는 길이지만
지혜를 가로막는 가장 큰 장애다

*

내게 잘한다고 모두 좋은 사람은 아니다.
그가 약자와, 두루 공평한지를 봐야 한다

*

의식을 살찌우지 말라
우리가 아는 모든 진실은 거짓일 확률이 높다

*

바다에 뛰어들되和而 침몰하지 않아야 한다不流
잘 늙는다는 것은 힘을 빼는 것이다

*

잘못 든 길이라고 느낄 때나 삶이 버거울 땐
잠시 그 자리에 멈춰 호흡하라
멈춤은 마침표가 아닌 쉼표다

*

높은 자리에 올라보지 않은 자 넓은 시야 갖지 못하고
낮고 누추한 데 처해 본 적 없는 자 인생을 알지 못한다

3. 종교와 성찰

*

원죄론을 주장하는 것만으로도
기독교는 나쁜 종교다

*

기독교의 하나님은
예수의 아버지가 아니다

*

인류가 선악과를 따먹은 건
원죄가 아니라 축복이다
선택의 자유를 얻은 것이다

*

십계명의 제1계명 '나 외에 다른 신을 섬기지 말라'
당신은 '나'를 누구로 읽는가

*

기독교의 유일신을 전제한
서양의 사유 방식은 깨뜨려야 한다

*

병 주고 약 주기는
자본과 종교의 근간 원리다

*

깨닫는다는 건
질서 지어진 코스모스 이전의 나를 알아차리는 것이다

*

밖의 소음에 귀 대지 말고
내면의 소리에 귀 기울이라

*

지구는 나를 중심으로 돈다
그의 지구 또한 그를 중심으로 돈다

*

가장 정의롭고 강직한 이들에게
자본은 신념이란 뼈다귀를 던져주고 충직한 개로 만든다

그러니 항상 질문하라 '왜?'

*

별이 불빛에 가려 안보일 뿐 사라진 게 아니듯
내면의 소리는 욕망의 아우성에 갇혀있을 뿐이다

*

눈은 딛고 있는 지금 여기 발밑을 보고
귀는 태곳적부터 들려주는 하늘의 소리를 들으라

*

나쁜 게 나쁜 것만은 아니다
좋은 게 좋은 것만은 아니다

*

처음부터 반짝이는 길은 없다
오직 닦으며 나아갈 뿐

*

나는 언제나 틀릴 수 있다는 것에

기꺼이 마음을 내주라

*

무얼 먹을까 고민하지 말고
어떻게 먹을까를 생각하라

*

왜 사는가에 매달리지 말고
어떻게 살 것인가 고뇌하라

*

마음이 무언지 알려 애쓰지 말고
마음을 어떻게 쓸지 염려하라

*

어떤 것도 옳고 그름이 없다
그 무엇도 좋고 나쁨이 없다
내면의 사인sign을 놓치지 않으면
네 영혼이 너를 인도할 것이다

*

도덕과 규범에 매몰된 자는
미혹 당하기 쉽다
그러나 하늘의 이치를 따르는 자는
어떤 유혹에도 흔들리지 않는다

*

당연함을 깨뜨리는 것이
깨달음이다

*

가운데가 중심은 아니다
중도란 어정쩡한 중간이 아니다

*

가지치기는
나무의 행간을 보기 위함이다

*

안다는 걸 경계하라
실상을 가리는 무지는 앎에서 오며
질서는 무지의 산물이다

*

깨닫다의 어원은 깨뜨리다, 이다
원래라는 착각, 당연하다는 생각을 과감히 깨뜨리라

*

길을 찾아 헤매 본 자만이
집으로 돌아가는 길을 안다

*

침묵하라 내면으로 귀를 향하라
네 영혼이 조근조근 길을 안내할 것이다

4. 자연과 시간

*

쇠에서 나온 녹이
쇠를 갉아먹듯
자연에서 나온 인간종이
자연을 먹어치우고 있다

*

성인聖人이란 거룩한 자가 아닌
자연에 귀 기울이는 자다

*

현재를 사는 사람은
더 이상 길을 잃지 않는다

*

돌로 눌러 놓는다고
풀이 자라지 않는 건 아니다

*

지구에 선생으로 왔다간 이들은
넓은 시야로 자연을 본 사람들이다

*

개개의 세포가 몸 전체를 형성하듯
개별 삶을 우주 네트워크에 연결하라

*

현재에 거하는 이에게
원래라는 단어는 없다

*

의식을 살찌우지 말라
시간은 모두에게 동일하지 않다

*

태양광선에는 자연치유 물질이 있다
강건한 영육을 원하거든 태양을 마주하라

*

오늘만 살지 말고
오늘에 충실하라

*

지금 행복하지 않으면
행복은 영원히 오지 않는다

*

미래뿐 아니라 과거를 결정하는 건
현재의 너의 삶이다

*

산에 오르는 이유는
높고 넓은 시야를 갖기 위함이다
문(학) (역)사 철(학)이라는 산을 올라야 하는 이유다